내 여기 가난한 노래의 씨를 뿌려라

한 국 대 표
명   시   선
1　　0　　0

이 육 사

내 여기 가난한
노래의 씨를 뿌려라

시인생각

■ 서문

육사가 북경 옥사에서 영면한 지 벌써 2년이 가차워온다. 그가 세상에 남기고 간 스무여 편의 시를 모아 한 권의 책을 만들었다.

시의 교졸巧拙을 이야기함은 평가評家의 일이나 한 평생을 걸려 쓴 시로는 의외로 수효가 적음은 고인의 생활이 신산辛酸하였음을 이야기하고도 남는다.

작품이 애절함도 그 까닭이다.

서울 하숙방에서 이역야등異域夜燈 아래 이 시를 쓰면서 그가 모색한 것은 무엇이었을까. 실생활의 고독에서 우러나온 것은 항시 무형無形한 동경憧憬이었다. 그는 한 평생 꿈을 추구한 사람이다. 시가 세상에 묻지 않는 것은 당연한 일이다. 다만 안타까이 공중에 그린 무형한 꿈이 형태와 의상을 갖추기엔 고인의 목숨이 너무 짧았다.

유작으로 발표된 「광야」 「꽃」에서 사람과 작품이 원열圓熱해 가는 도중에 요절한 것이 한층 더 애닯음은 이 까닭이다.

육신은 없어지고 그의 생애를 조각한 비애가 맺은 몇 편의 시가 우리의 수중에 남아있을 뿐이나 한 사람의 시인이 살고 간 흔적을 찾기엔 이로써 족할 것이다.
　살아있는 우리는 고인의 사인死因까지도 자세히 모르나 육사는 저 세상에서도 분명 미진한 꿈으로 시를 쓰고 있을 것이다. 그러나 유명幽明의 안개에 가려 우리가 그것을 듣지 못할 뿐이다.

1946년 8월 21일
신석초 김광균 오장환 이용악

■ **차 례** ─────── 내 여기 가난한 노래의 씨를 뿌려라

서문_신석초 김광균 오장환 이용악

1

광야曠野　13
청포도靑葡萄　14
절정絶頂　15
한 개의 별을 노래하자　16
해조사海潮詞　18
노정기路程記　21
연보年譜　22
강 건너간 노래　24
소공원小公園　25

한국대표명시선100 이육사

2

아편鴉片　29

호수　30

말　31

반묘班猫　32

광인狂人의 태양　33

교목喬木　34

서풍西風　35

독백獨白　36

아미娥眉 —구름의 백작부인　38

3

자야곡子夜曲　43

서울　44

바다의 마음　46

꽃　47

나의 뮤―즈　48

해후邂逅　50

편복蝙蝠　52

잃어진 고향　54

산　55

4

화제畫題　59

춘수삼제春愁三題　60

실제失題　61

황혼黃昏　62

초가草家　64

남한산성南漢山城　66

일식日蝕　67

소년에게　68

파초芭蕉　70

5

[시조] 뵈올까 바란 마음   75
[한시] 晩登東山만등동산   76
[한시] 謹賀石庭先生六旬근하석정선생육순   77
[한시] 酒暖興餘주난흥여   78

발문_발跋·이원조   79
이육사 연보   81

1

광야曠野

까마득한 날에
하늘이 처음 열리고
어데 닭 우는 소리 들렸으랴

모든 산맥들이
바다를 연모戀慕해 휘달릴 때도
차마 이곳을 범犯하던 못 하였으리라

끊임없는 광음光陰을
부지런한 계절이 피어선 지고
큰 강물이 비로소 길을 열었다

지금 눈 나리고
매화향기 홀로 아득하니
내 여기 가난한 노래의 씨를 뿌려라

다시 천고千古의 뒤에
백마白馬 타고 오는 초인超人이 있어
이 광야曠野에서 목 놓아 부르게 하리라

청포도 青葡萄

내 고장 칠월은
청포도가 익어 가는 시절.

이 마을 전설이 주저리주저리 열리고
먼 데 하늘이 꿈꾸며 알알이 들어와 박혀

하늘 밑 푸른 바다가 가슴을 열고
흰 돛단배가 곱게 밀려서 오면

내가 바라는 손님은 고달픈 몸으로
청포 青袍를 입고 찾아온다고 했으니,

내 그를 맞아, 이 포도를 따 먹으면
두 손을 함뿍 적셔도 좋으련.

아이야, 우리 식탁엔 은쟁반에
하이얀 모시 수건을 마련해 두렴.

절정絶頂

매운 계절의 채찍에 갈겨
마침내 북방北方으로 휩쓸려오다

하늘도 그만 지쳐 끝난 고원高原
서릿발 칼날진 그 우에 서다

어데다 무릎을 꿇어야 하나
한발 재겨 디딜 곳조차 없다

이러매 눈감아 생각해 볼밖에
겨울은 강철로 된 무지갠가 보다

한 개의 별을 노래하자

한 개의 별을 노래하자 꼭 한 개의 별을
십이성좌十二星座 그 숱한 별을 어찌나 노래하겠니

꼭 한 개의 별! 아침 날 때 보고 저녁 들 때도 보는 별
우리들과 아-주 친하고 그 중 빛나는 별을 노래하자
아름다운 미래를 꾸며볼 동방의 큰 별을 가지자

한 개의 별을 가지는 건 한 개의 지구地球를 갖는 것
아롱진 설움밖에 잃을 것도 없는 낡은 이 땅에서
한 개의 새로운 지구를 차지할 오는 날의 기쁜 노래를
목안에 피ㅅ대를 올려가며 마음껏 불러보자

처녀의 눈동자를 느끼며 돌아가는 군수야업軍需夜業의 젊은 동무들
 푸른 샘을 그리는 고달픈 사막의 행상대行商隊도 마음을 축여라
 화전火田에 돌을 줍는 백성들도 옥야천리沃野千里를 차지하자

다 같이 제멋에 알맞는 풍양豊穰한 지구의 주재자主宰者로
임자 없는 한 개의 별을 가질 노래를 부르자

한 개의 별 한 개의 지구 단단히 다져진 그 땅 우에
모든 생산의 씨를 우리의 손으로 휘뿌려 보자
앵속罌粟처럼 찬란한 열매를 거두는 찬연餐宴엔
예의에 꺼림 없는 반취半醉의 노래라도 불러 보자

염리한 사람들을 다스리는 신이란 항상 거룩합시니
새 별을 찾아가는 이민移民들의 그 틈엔 안 끼여 갈 테니
새로운 지구엔 단죄 없는 노래를 진주眞珠처럼 흩이자

한 개의 별을 노래하자 다만 한 개의 별일망정
한 개 또 한 개 십이성좌 모든 별을 노래하자

해조사海潮詞

동방洞房을 찾아드는 신부新婦의 발자취같이
조심스리 걸어오는 고이한 소리!
해조海潮의 소리는 네모진 내 들창을 열다
이 밤에 나를 부르는 이 없으련만?

남생이 등같이 외로운 이 서-ㅁ 밤을
싸고 오는 소리! 고이한 침략자여!
내 보고寶庫를 문을 흔드는 건 그 누군고?
영주領主인 나의 한 마디 허락도 없이.

코카서스 평원을 달리는 말굽 소리보다
한층 요란한 소리! 고이한 약탈자여!
내 정열밖에 너들에 뺏길 게 무엇이료
가난한 귀향살이 손님은 파려하다.

올 때는 그리 호기롭게 올려와서
너들의 숨결이 밀수자密輸者같이 헐데느냐
오― 그것은 나에게 호소하는 말 못할 울분인가?
내 고성古城엔 밤이 무겁게 깊어 가는데.

쇠줄에 끌려 걷는 수인囚人들의 무거운 발소리!
옛날의 기억을 아롱지게 수놓는 고이한 소리!
해방을 약속하던 그날 밤의 음모를
먼동이 트기 전 또다시 속삭여 보렴인가?

검은 베일을 쓰고 오는 젊은 여승女僧들의 부르짖음
고이한 소리! 발밑을 지나며 흑흑 느끼는 건
어느 사원을 탈주해 온 어여쁜 청춘의 반역인고?
시들었던 내 항분亢舊도 해조처럼 부풀어 오르는 이 밤에.

이 밤에 날 부를 이 없거늘! 고이한 소리!
광야를 울리는 불 맞은 사자獅子의 신음인가?
오 소리는 장엄한 내 생애의 마지막 포효咆哮!
내 고도孤島의 매태낀 성곽을 깨뜨려다오!

산실產室을 새어나는 분만娩娩의 큰 괴로움!
한밤에 찾아올 귀여운 손님을 맞이하자
소리! 고이한 소리! 지축地軸이 메지게 달려와
고요한 섬 밤을 지새게 하난고녀.

거인의 탄생을 축복하는 노래의 합주合奏!
하늘에 사무치는 거룩한 기쁨의 소리!
해조海潮는 가을을 불러 내 가슴을 어루만지며
잠드는 넋을 부르다 오— 해조! 해조의 소리!

노정기路程記

목숨이란 마치 깨어진 뱃조각
여기저기 흩어져 마음이 구죽죽한 어촌보다 어설프고
삶의 티끌만 오래 묵은 포범布帆처럼 달아매었다.

남들은 기뻤다는 젊은 날이었건만
밤마다 내 꿈은 서해西海를 밀항하는 쩡크와 같애
소금에 절고 조수潮水에 부풀어 올랐다

항상 흐릿한 밤 암초를 벗어나면 태풍과 싸워가고
전설에 읽어 본 산호도珊瑚島는 구경도 못하는
그곳은 남십자성南十字星이 비쳐 주도 않았다.

쫓기는 마음 지친 몸이길래
그리운 지평선을 한숨에 기오르면
시궁치는 열대식물처럼 발목을 오여 쌌다.

새벽 밀물에 밀려 온 거미인 양
다 삭아빠진 소라 껍질에 나는 붙어 왔다
머—ㄴ 항구港口의 노정路程에 흘러간 생활을 들여다보며

연보年譜

'너는 돌다릿목에 줘 왔다.'던
할머니의 핀잔이 참이라고 하자.

나는 진정 강언덕 그 마을에
벌어진 문받이였는지 몰라.

그러기에 열여덟 새봄은
버들피리 곡조에 불어 보내고

첫사랑이 흘러간 항구의 밤
눈물 섞어 마신 술, 피보다 달더라,

공명이 마다곤들 언제 말이나 했나.
바람에 붙여 돌아온 고장도 비고

서리 밟고 걸어간 새벽길 우에
간肝 잎만 새하얗게 단풍이 들어

거미줄만 발목에 걸린다 해도
쇠사슬을 잡아맨 듯 무거워졌다

눈 우에 걸어가면 자욱이 지리라.
때로는 설레이며 파람도 불지.

강 건너간 노래

섣달에도 보름께 달 밝은 밤
앞내ㅅ강 쨍쨍 얼어 조이던 밤에
내가 부른 노래는 강 건너갔소.

강 건너 하늘 끝에 사막도 닿은 곳
내 노래는 제비같이 날아서 갔소.

못 잊을 계집애 집조차 없다기에
가기는 갔지만 어린 날개 지치면
그만 어느 모래ㅅ불에 떨어져 타 죽겠죠.

사막은 끝없이 푸른 하늘이 덮여
눈물 먹은 별들이 조상 오는 밤

밤은 옛일을 무지개보다 곱게 짜내나니
한가락 여기 두고 또 한가락 어데멘가
내가 부른 노래는 그 밤에 강 건너 갔소.

소공원小公園

한낮은 햇발이
백공작白孔雀 꼬리 위에 함북 퍼지고

그 넘에 비둘기 보리밭에 두고 온
사랑이 그립다고 근심스레 코고을며

해오래비 청춘을 물가에 흘려보냈다고
쭈그리고 앉아 비를 부르건만은

흰오리 떼만 분주히 미끼를 찾아
자무락질치는 소리 약간 들리고

언덕은 잔디밭 파라솔 돌리는 이국소년異國少年 둘
해당화 같은 뺨을 돌려 망향가望鄕歌도 부른다.

2

아편鴉片

나릿한 남만南蠻의 밤
번제燔祭의 두레ㅅ불 타오르고

옥玉돌보다 찬 넋이 있어
홍역紅疫이 발반하는 거리로 쏠려

거리엔 노아의 홍수 넘쳐나고
위태한 섬 우에 빛난 별 하나

너는 고 알몸동아리 향기를
봄바다 바람 실은 돛대처럼 오라

무지개같이 황홀한 삶의 광영
죄罪와 곁들여도 삶즉한 누리.

호수

내어달리고 저운 마음이련마는
바람 씻은 듯 다시 명상하는 눈동자

때로 백조를 불러 휘날려 보기도 하건만
그만 기슭을 안고 돌아누워 흑흑 느끼는 밤

희미한 별 그림자를 씹어 놓이는 동안
자줏빛 안개 가벼운 명모瞑帽같이 나려 씌운다.

말

흐트러진 갈기
후줄근한 눈
밤송이 같은 털
오! 먼 길에 지친 말
채찍에 지친 말이여!

수굿한 목통
축 처—진 꼬리
서리에 번쩍이는 네 굽
오! 구름을 헤치려는 말
새해에 소리칠 흰 말이여!

반묘 班猫

어느 사막의 나라 유폐된 후궁後宮의 넋이기에
몸과 마음도 아롱져 근심스러워라.

칠색七色 바다를 건너서 와도 그냥 눈동자에
고향의 황혼을 간직해 서럽지 않뇨.

사람의 품에 깃들면 등을 굽히는 짓새
산맥을 느낄사록 끝없이 게을러라.

그 적은 포효는 어느 조선祖先 때 유전遺傳이길래
마노瑪瑙의 노래야 한층 더 잔조우리라.

그보다 뜰 안에 흰나비 나즉이 날아올 땐
한낮의 태양과 튜립 한 송이 지킴직하고

광인狂人의 태양

분명 라이풀 선線을 튕겨서 올라
그냥 화화火華처럼 살아서 곱고

오랜 나달 연초煙硝에 끄스른
얼굴을 가리면 슬픈 공작선孔雀扇

거칠은 해협海峽마다 흘긴 눈초리
항상 요충지대要衝地帶를 노려가다

교목喬木

푸른 하늘에 닿을 듯이
세월에 불타고 우뚝 남아 서서
차라리 봄도 꽃피진 말아라.

낡은 거미집 휘두르고
끝없는 꿈길에 혼자 설레이는
마음은 아예 뉘우침 아니라

검은 그림자 쓸쓸하면
마침내 호수 속 깊이 거꾸러져
차마 바람도 흔들진 못해라.

서풍西風

서리 빛을 함북 띠고
하늘 끝없이 푸른 데서 왔다.

강바닥에 깔려 있다가
갈대꽃 하얀 우를 스쳐서.

장사壯士의 큰 칼집에 스며서는
귀향 가는 손의 돛대도 불어주고.

젊은 과부의 뺨도 희던 날
대밭에 벌레소릴 가꾸어놓고

회한悔恨을 사시나무 잎처럼 흔드는
네 오면 불길不吉할 것 같아 좋아라.

독백獨白

운모雲母처럼 희고 찬 얼굴
그냥 주검에 물든 줄 아나
내 지금 달 아래 서서 있네.

높대보다 높다란 어깨
얕은 구름 쪽 거미줄 가려
파도나 바람을 귀밑에 듣네.

갈매긴 양 떠도는 심사
어데 하난들 끝간 델 아리
오롯한 사념思念을 기폭旗幅에 흘리네.

선창船窓마다 푸른막 치고
촛불 향수鄕愁에 찌르르 타면
운하運河는 밤마다 무지개 지네.

박쥐 같은 날개나 펴면
아주 흐린 날 그림자 속에
떠서는 날잖는 사복이 됨세.

닭소리나 들리면 가랴
안개 뽀얗게 나리는 새벽
그곳을 가만히 나려서 감세.

아미娥眉
— 구름의 백작부인

향수鄕愁에 철나면 눈썹이 기난이요
바다랑 바람이랑 그 사이 태어났고
나라마다 어진 풍속에 자랐겠죠.

짙푸른 깁장帳을 나서면 그 몸매
하이얀 깃옷은 휘둘러 눈부시고
정녕 왈츠라도 추실란가 봐요.

햇살같이 펼쳐진 부채는 감춰도
도톰한 손결 교소驕笑를 가루어서
공주의 홀笏보다 깨끗이 떨리오.

언제나 모듬에 지쳐서 돌아오면
꽃다발 향기조차 기억만 새로워라
찬저때 소리에다 옷끈을 흘려보내고

촛불처럼 타오른 가슴 속 사념思念은
진정 누구를 애끼시는 속죄贖罪라오
발아래 가득히 황혼이 나우리치오.

달빛은 서늘한 원주圓柱 아래 듭시면
장미薔薇 쪄 이고 장미 쪄 흩으시고
아련히 가시는 곳 그 어딘가 보이오.

3

자야곡 子夜曲

수만 호 빛이래야 할 내 고향이언만
노랑나비도 오잖는 무덤 우에 이끼만 푸르리라.

슬픔도 자랑도 집어삼키는 검은 꿈
파이프엔 조용히 타오르는 꽃불도 향기론데

연기는 돛대처럼 날려 항구에 들고
옛날의 들창마다 눈동자엔 짜운 소금이 저려

바람 불고 눈보라 치잖으면 못 살리라
매운 술을 마셔 돌아가는 그림자 발자취 소리

숨막힐 마음속에 어데 강물이 흐르느뇨
달은 강을 따르고 나는 차디찬 강 맘에 드리느라

수만 호 빛이래야 할 내 고향이언만
노랑나비도 오잖는 무덤 우에 이끼만 푸르리라.

서울

 어떤 시골이라도 어린애들은 있어 고놈들 꿈결조차 잊지 못할 자랑 속에 피어나 황홀하기 장미빛 바다였다.

 밤마다 야광충들의 고흔 불 아래 모여서 영화로운 잔체와 쉴 새 없는 해조諧調에 따라 푸른 하늘을 꾀했다는 이 애기.

 왼 누리의 심장을 거기에 느껴 보겠다고 모든 길과 길들 핏줄 같이 엉클어서 역驛마다 느릅나무가 늘어서고.

 긴 세월이 맴도는 그 판에 고추 먹고 뱅—뱅 찔레 먹고 뱅—뱅 넘어지면 맘모스의 해골骸骨처럼 흐르는 인광燐光 길다랗게.

 개아미 마치 개아미다 젊은 놈들 겁이 잔뜩 나 차마차마 하는 마음은 널 원망에 비겨 잊을 것이었다 깍쟁이.

 언제나 여름이 오면 황혼의 이 뿔따귀 저 뿔따귀에 한 줄씩 걸쳐 매고 짐짓 창공에 노려대는 거미집이다 텅 비인.

제발 바람이 세차게 불거든 케케묵은 먼지를 눈보라마냥 날려라 녹아나리면 개천에 고놈 살무사들 승천을 할는지.

바다의 마음

물새 발톱은 바다를 할퀴고
바다는 바람에 입김을 분다.
여기 바다의 은총恩寵이 잠자고 있다.

흰돛백범白帆은 바다를 칼질하고
바다는 하늘을 간질여 본다.
여기 바다의 아량雅量이 간직여 있다.

낡은 그물은 바다를 얽고
바다는 대륙을 푸른 보로 싼다.
여기 바다의 음모陰謀가 서리어 있다.

꽃

동방은 하늘도 다 끝나고
비 한 방울 나리잖는 그때에도
오히려 꽃은 빨갛게 피지 않는가
내 목숨을 꾸며 쉬임 없는 날이여.

북쪽 툰드라에도 찬 새벽은
눈 속 깊이 꽃맹아리가 옴작거려
제비 떼 까맣게 날아오길 기다리나니
마침내 저버리지 못할 약속이여!

한 바다 복판 용솟음치는 곳
바람결 따라 타오르는 꽃 성城에는
나비처럼 취하는 회상回想의 무리들아
오늘 내 여기서 너를 불러보노라

나의 뮤―즈

아주 헐벗은 나의 뮤―즈는
한번도 가야 싶은 날이 없어
사뭇 밤만을 왕자王者처럼 누려 왔소.

아무것도 없는 주제였만도
모든 것이 제 것인 듯 뻐티는 멋이야
그냥 인드라의 영토를 날아도 다닌다오.

고향은 어데라 물어도 말은 않지만
처음은 정녕 북해안北海岸 매운바람 속에 자라
대곤大鯤을 타고 다녔단 것이 일생의 자랑이죠.

계집을 사랑커든 수염이 너무 주체스럽다도
취하면 행랑 뒷골목을 돌아서 다니며
보袴보다 크고 흰 귀를 자주 망토로 가리오

그러나 나와는 몇 천겁千劫 동안이나
바로 비취翡翠가 녹아나는 듯한 돌샘ㅅ가에
향연饗宴이 벌어지면 부르는 노래란 목청이 외골수요
밤도 지진하고 닭소리 들릴 때면

그만 그는 별 계단을 성큼성큼 올라가고
나는 초ㅅ불도 꺼져 백합꽃밭에 옷깃이 젖도록 잤소

해후 邂逅

 모든 별들이 비취계단翡翠階段을 나리고 풍악소리 바로 조수처럼 부풀어 오르던 그 밤 우리는 바다의 전당殿堂을 떠났다.

 가을꽃을 하직하는 나비모양 떨어져선 다시 가까이 되돌아보곤 또 멀어지던 흰 날개 우엔 별ㅅ살도 따갑더라.

 머나먼 기억은 끝없는 나그네의 시름 속에 자라나는 너를 간직하고 너도 나를 아껴 항상 단조한 물결에 익었다.

 그러나 물결은 흔들려 끝끝내 보이지 않고 나조차 계절풍의 넋이 가치 휩쓸려 정치못 일곱 바다에 밀렸거늘,

 너는 무삼 일로 사막의 공주 같아 연지 찍은 붉은 입술을 내 근심에 표백된 돛대에 거느뇨 오—안타까운 신월新月

 때론 너를 불러 꿈마다 눈 덮인 내 섬 속 투명한 영락玲珞으로 세운 집안에 머리 푼 알몸을 황금 항쇄項鎖 족쇄足鎖로 매여 두고,

귀ㅅ밤에 우는 구슬과 사슬 끊는 소리 들으며 나는 이름도 모를 꽃밭에 물을 뿌리며 머—ㄴ 다음 날을 빌었더니,

　꽃들이 피면 향기에 취한 나는 잠든 틈을 타 너는 온갖 화판花瓣을 따서 날개를 붙이고 그만 어데로 날아갔더냐.

　지금 놀이 나려 선창船窓이 고향의 하늘보다 둥글거늘 검은 망토를 두르기는 지나간 세기世紀의 상장喪章 같애 슬프지 않은가.

　차라리 그 고운 손에 흰 수건을 날리렴 허무의 분수령分水嶺에 앞날의 기旗빨을 걸고 너와 나와는 또 흐르자 부끄럽게 흐르자.

편복蝙蝠

광명光明을 배반한 아득한 동굴洞窟에서
다 썩은 들보와 무너진 성채城砦의 너덜로 돌아다니는
가엾은 박쥐여! 어둠의 왕자王者여!
쥐는 너를 버리고 부잣집 고庫간으로 도망했고
대붕大鵬도 북해北海로 날아간 지 이미 오래거늘
검은 세기世紀의 상장喪裝이 갈가리 찢어질 긴 동안
비둘기 같은 사랑을 한 번도 속삭여 보지도 못한
가엾은 박쥐여! 고독한 유령幽靈이여!

앵무와 함께 종알대어보지도 못하고
딱따구리처럼 고목을 쪼아 울리도 못하거니
마노보다 노란 눈깔은 유전遺傳을 원망한들 무엇하랴
서러운 주교呪交일사 못 외일 고민苦悶의 이빨을 갈며
종족과 홰시塒를 잃어도 갈 곳조차 없는
가엾은 박쥐여! 영원한 보헤미안의 넋이여!

제 정열에 못 이겨 타서 죽는 불사조不死鳥는 아닐망정
공산空山 잠긴 달에 울어 새는 두견새 흘리는 피는
그래도 사람의 심금을 흔들어 눈물을 짜내지 않는가?
날카로운 발톱이 암사슴의 연한 간肝을 노려도 봤을

너의 머-ㄴ 조선祖先의 영화롭던 한 시절 역사도
이제는 아이누의 가계家系와도 같이 서러워라!
가엾은 박쥐여! 멸망하는 겨레여!

운명의 제단祭壇에 가늘게 타는 향불마저 꺼졌거든
그 많은 새짐승에 빌붙일 애교라도 가졌단 말가?
호금조胡琴鳥처럼 고흔 뺨을 채롱에 팔지도 못하는 너는
한 토막 꿈조차 못 꾸고 다시 동굴로 돌아가거니
가엾은 박쥐여! 검은 화석의 요정妖精이여!

잃어진 고향

제비야
너도 고향이 있느냐.

그래도 강남江南을 간다니
저 높은 재 우에 흰 구름 한 조각

제 깃에 묻으면
두 날개가 촉촉이 젖겠구나.

가다가 푸른 숲 우를 지나거든
홧홧한 네 가슴을 식혀나가렴

불행히 사막에 떨어져 타죽어도
아이서려야 않겠지

그야 한 때 날아도 홀로 높고 빨라
어느 때나 외로운 넋이었거니

그곳에 푸른 하늘이 열리면
어쩌면 네 새 고장도 될 법하이

산

바다가 수건을 날려 부르고
난 단숨에 뛰어 달려서 왔겠죠.

천금같이 무거운 엄마의 사랑을
헛된 항도航圖에 엮여 보낸 날

그래도 어진 태양과 밤이면 뭇 별들이
발아래 깃들여 오오

그나마 나라나라를 흘러 다니는
뱃사람들 부르는 망향가望鄉歌

그야 창자를 끊으면 무얼 하겠소.

4

화제畵題

도회都會의 검은 능각稜角을 담은
수면水面은 이랑이랑 떨려
하반기下半期의 새벽같이 서럽고
화강석花崗石에 어리는 기아葉兒의 찬 꿈
물풀을 나근나근 빠는
담수어淡水魚의 입맛보다 애닯어라

춘수삼제 春愁三題

I

이른 아침 골목길을 미나리 장수가 기—르게 외우고 갑니다.
할머니의 흐린 동자瞳子는 창공에 무엇을 달리시는지,
아마도 ×에 간 맏아들의 입맛미각味覺을 그려나보나 봐요.

II

시내ㅅ가 버드나무 이따금 흐느적거립니다.
표모漂母의 방망이 소린 왜 저리 모날까요,
쨍쨍한 이 볕살에 누더기만 빨기는 짜증이 난 게죠.

III

빌딩의 피뢰침에 아즈랑이 걸려서 헐떡거립니다.
돌아온 제비 떼 포사선抛射線을 그리며 날아 재재거리는 건,
깃들인 옛 집터를 찾아 못 찾는 괴롬 같구료.

실제失題

하늘이 높기도 하다
고무풍선 같은 첫 겨울 달을
누구의 입김으로 불어 올렸는지?
그도 반 넘어 서쪽에 기울어졌다

행랑 뒷골목 휘젓한 상술집엔
팔려 온 냉해지冷害地 처녀를 둘러싸고
대학생의 지질숙한 눈초리가
사상선도思想善導의 염탐 밑에 떨고만 있다

라디오의 수양강화修養講話가 끝이 났는지?
마―장 구락부俱樂部 문간은 하품을 치고
삘딩 돌담에 꿈을 그리는 거지새끼만
이 도시의 양심을 지키나보다

바람은 밤을 집어삼키고
아득한 까스 속을 흘러서 가니
거리의 주인공인 해태의 눈깔은
언제나 말갛게 푸르러 오노

황혼黃昏

내 골방의 커―텐을 걷고
정성된 마음으로 황혼黃昏을 맞아들이노니
바다의 흰 갈매기들같이도
인간은 얼마나 외로운 것이냐

황혼아 네 부드러운 손을 힘껏 내밀라
내 뜨거운 입술을 맘대로 맞추어보련다
그리고 네 품안에 안긴 모―든 것에
나의 입술을 보내게 해다오

저― 십이성좌十二星座의 반짝이는 별들에게도
종소리 저문 삼림森林 속 그윽한 수녀修女들에게도
쎄멘트 장판 우 그 많은 수인囚人들에게도
의지가지없는 그들의 심장이 얼마나 떨고 있을까

고비 사막을 끊어가는 낙타 탄 행상대行商隊에게나
아프리카 녹음 속 활 쏘는 인디안에게라도
황혼아 네 부드러운 품안에 안기는 동안이라도
지구의 반쪽만을 나의 타는 입술에 맡겨다오

내 오월의 골방이 아늑도 하오니
황혼아 내일도 또 저— 푸른 커—텐을 걷게 하겠지
음음慘慘이 사라지긴 시냇물 소리 같애서
한번 식어지면 다시는 돌아올 줄 모르나보다

초가草家

구겨진 하늘은 묵은 애기책을 편 듯
돌담울이 고성古城같이 둘러싼 산기슭
빡쥐 나래 밑에 황혼이 묻혀오면
초가 집집마다 호롱불이 켜지고
고향을 그린 묵화墨畵 한 폭 좀이 쳐.

띄엄띄엄 보이는 그림 쪼각은
앞밭에 보리밭에 말매나물 캐러 간
가시내는 가시내와 종달새 소리에 반해

빈 바구니 차고오긴 너무도 부끄러워
술레짠 두 뺨 우에 모매꽃이 피었고.

그넷줄에 비가 오면 풍년이 든다더니
앞내강江에 씨레나무 밀려나리면
젊은이는 젊은이와 뗏목을 타고
돈 벌러 항구로 흘러간 몇 달에
서리ㅅ발 잎 져도 못 오면 바람이 분다.

피로 가꾼 이삭에 참새도 날아가고
곰처럼 어린놈이 북극北極을 꿈꾸는데
늙은이는 늙은이와 싸우는 입김도
벽에 서려 성애 끼는 한겨울 밤은
동리洞里의 밀고자密告者인 강물조차 얼붙는다.

남한산성 南漢山城

넌 제왕帝王에 길들인 교룡蛟龍
화석化石 되는 마음에 이끼가 끼여

승천하는 꿈을 길러 준 열수洌水
목이 째지라 울어 예가도

저녁 놀빛을 걷어 올리고
어데 비바람 있음직도 안해라.

일식 日蝕

쟁반에 먹물을 담아 햇살을 비쳐본 어린 날
불개는 그만 하나밖에 없는 내 날을 먹었다

날과 땅이 한 줄 우에 돈다는 고 순간만이라도
차라리 헛말이기를 밤마다 정녕 빌어도 보았다

마침내 가슴은 동굴洞窟보다 어두워 설레인고녀
다만 한 봉오리 피려는 장미 벌레가 좀 치렀다

그래서 더 예쁘고 진정 덧없지 아니하냐
또 어데 다른 하늘을 얻어
이슬 젖은 별빛에 가꾸련다.

소년에게

차디찬 아침이슬
진주가 빛나는 못가
연꽃 하나 다복이 피고

소년아 네가 낳다니
맑은 넋에 깃들여
박꽃처럼 자랐세라

큰 강 목놓아 흘러
여울은 흰 돌쪽마다
소리 석양을 새기고

너는 준마駿馬 달리며
죽도竹刀 져 곧은 기운을
목숨같이 사랑했거늘

거리를 쫓아 다녀도
분수噴水 있는 풍경風景 속에
동상답게 서 봐도 좋다

서풍 뺨을 스치고
하늘 한가 구름 뜨는 곳
희고 푸른 지음을 노래하며

노래 가락은 흔들리고
별들 춥다 얼어붙고
너조차 미친들 어떠랴

파초芭蕉

항상 앓는 나의 숨결이 오늘은
해월海月처럼 게을러 은빛 물결에 뜨나니

파초芭蕉 너의 푸른 옷깃을 들어
이닷 타는 입술을 축여주렴

그 옛적 사라센의 마지막 날엔
기약 없이 흩어진 두 날 넋이었어라

젊은 여인들의 잡아 못 논 소매 끝엔
고흔 손금조차 아직 꿈을 짜는데

먼 성좌와 새로운 꽃들을 볼 때마다
잊었든 계절을 몇 번 눈 우에 그렸느뇨

차라리 천년 뒤 이 가을밤 나와 함께
비ㅅ소리는 얼마나 긴가 재어보자

그리고 새벽하늘 어데 무지개 서면
무지개 밟고 다시 끝없이 헤어지세

5

[시조]

뵈올까 바란 마음

뵈올까 바란 마음 그 마음 지난 바램
하루가 열흘 같이 기약도 아득해라
바라다 지친 이 넋을 잠재올가 하노라

잠조차 없는 밤에 촉(燭) 태워 앉았으니
이별에 병든 몸이 나을 길 없오매라
저 달 상기 보고 가오니 때로 볼까 하노라

[한시]

晩登東山 만등동산

卜地當泉石 복지당천석
相歡共漢陽 상환공한양
擧酌誇心大 거작과심대
登高恨日長 등고한일장
山深禽語冷 산심금어냉
詩成夜色蒼 시성야색창
歸舟那可急 귀주나가급
星月滿圓方 성월만원방

<與여 石舢석초, 黎泉여천, 春坡춘파, 東溪동계, 民樹민수, 共吟공음>

시냇가 돌이 있는 좋은 곳을 골라서
서로 모여 즐겨하니 서울이라네
술잔 들어 거침없는 마음을 자랑하고
언덕 올라 긴 하루도 아쉬워한다
뫼 깊어 새소리는 차갑게 느껴지고
시가 되니 밤빛은 푸르기만 하구나
배를 돌려 집에 감이 무어 바쁠까
별과 달 하늘 땅에 가득 찼는데

김용직金容稷 옮김

[한시]

謹賀石庭先生六旬 근하석정선생육순

天壽斯翁有六旬　천수사옹유육순
蒼顔皓髮坐嶄新　창안호발좌참신
經來一世應多感　경래일세응다감
遙憶鄕山入夢頻　요억향산입몽빈

하늘이 수를 내려 환갑을 맞으셨다
맑은 얼굴 흰 머리에 모습도 깨끗해라
지나 보신 한 평생 느낌도 많을 텐데
고향은 저 멀리라 꿈길에 자주 뵌다

김용직金容稷 옮김

[한시]

酒暖興餘 주난흥여

酒氣詩情兩樣闌　주기시정양양란
斗牛初轉月盛欄　두우초전월성란
天涯萬里知音在　천애만리지음재
老石晴霞使我寒　노석청하사아한

<與여 春坡춘파, 石艸석초, 民樹민수, 東溪동계, 水山수산,
黎泉여천. 共吟공음>

술기운 시정詩情은 다 한창인데
북두성 지긋하고 달도 난간에 가득하다
하늘 끝 만리 길 친구는 멀고
이끼 낀 돌 맑은 이내 마음이 시려온다

김용직金容稷 옮김

■ 발문

발跋

　가형家兄 육사 선생이 북경옥리에서 원사寃死한 지 이미 이기二朞가 지났다. 생각하면 빈궁과 투옥과 유인流人의 사십 평생에 거의 하로도 영일寧日이 없었으나 문학청년이 아니었던 그가 삼십 고지를 넘어서 비로소 시를 쓰기 시작해서 그처럼도 시를 좋아했던 것은 아마 그의 혁명적 열정과 의욕이 그대로 사라지지 않은 체 시에 빙자해 꿈도 그려보고 불평도 포백暴白한 것일 것이다. 그러므로 그의 성격은 「절정絶頂」에서 보이는 바와 같이 초강楚剛하고 비타협적이건마는 친구들에게는 관인寬仁한 사람으로 알려지고, 경찰서에서는 요시찰인이었것만은 문단에서는 시인 행세를 한 것을 보면 그가 소위 단순한 시인이 아니었던 것을 아는 사람은 알 것이다.

　그해 불치의 병이 거이 치경治境에 이르렀을 때 끝끝내 정섭靜攝하지 않고 해외로 나간 것은 파탄된 생활과 불울怫鬱한 심정을 붙일 곳이 없어 내가 그처럼 만류했음에도 나중에는 성을 내다시피하고 번연히 떠난 것이었다. 그리고 이 걸음은 마침내 사인이 되고 만 것이다.

이제 8·15의 감격기를 지나고나 일터에서 집안에서 그의 모습을 찾아볼 수 없으므로 인간에 유락流落한 그의 시고詩稿라도 수습해서 그가 이 세상에 왔다 간 자취라도 남겨보려 하니 실로 그 발자취는 자욱자욱이 피가 고일 만큼 신산하고 불행한 것이었다. 이 시작詩作의 교졸巧拙은 내가 말할 바 아니요. 다만 동기同氣이면서 동지의 한 사람으로서 그의 타고난 천품을 생각할 때 그가 천년天年을 마칠 수 있는 행운만 받았더라도 이 20편의 시작만으로 그의 유업이 되지는 않았을 것을 생각하면 실로 뼈아픈 일이다.

과연 '천년 뒤 백마 탄 초인이 있어' 그의 노래를 목 놓아 부를 때가 있을런지 없을런지는 모르겠으나 그의 생전 친우들과 함께 산존散存한 원고를 눈물로 모아 이 책을 내이면서 이 책을 내는데 여러 가지로 진력해주신 구교舊交 여러분에게 무한한 감사와 경의를 표하는 바이다.

             1946. 9. 5
         사제舍弟 원 조 源朝 근지謹識

— 1946년 10월 20일 발항 육사시집
 『노랑나비도 오잖는 무덤 우에 이끼만 푸르러라』 발문 —

이육사

연 보

1904(1세) 5월 18일(음4.4), 경북 안동군 도산면 원천동 (당시 원촌동) 881번지에서 진성 이씨 이가호 李家鎬(퇴계 이황의 13대손)와 허형許衡의 딸인 허길許吉 사이에 차남으로 출생. 어릴 때 이름은 원록源祿, 두 번째 이름이 원삼源三, 자는 태경台卿.

1909(5세) 조부 치헌痴軒 이중직李中稙에게서 소학 배우기 시작.

1916(12세) 조부 별세. 가세가 기울기 시작. 한문학 수학. 이 무렵 보문의숙에서 수학.

1919(15세) 도산공립보통학교(보문의숙을 공립으로 개편) 1회 졸업.

1920(16세) 안동군 녹전면 신평동 듬벌이로 이사. 부모를 비롯한 가족 모두 대구(남산동 662번지)로 이사. 석재石齋 서병오徐丙五에게서 그림을 배움. 동생 원일源一은 글씨를 배워 일가를 이룸.

1921(17세) 영천군 화북면 오동梧洞 안용락安庸洛의 딸 일양 一陽과 결혼, 처가에서 가까운 백학학원(1921 설립)에서 수학(보습과정-1922년까지). 둘째 이름 원삼을 사용.

1923(19세) 백학학원에서 교편 잡음(9개월 동안).

1924(20세) 4월, 학기에 맞추어 일본 유학.
경찰기록- 도쿄쇼소쿠(東京正則) 예비학교. 니혼(日本)대학 전문부.
검찰신문조서- 킨죠우(錦城)고등예비학교 1년간 재학.

1925(21세) 1월에 귀국. 대구 조양회관을 중심으로 활동. 이정기, 조재만 등과 어울리며 베이징 다녀오다.

1926(22세) 7월, 베이징 쭝구어(中國)대학 상과에 입학하여 7개월 재학(혹은 2년 중퇴).

1927(23세) 여름에 귀국. '장진홍의거(10월 18일)'에 얽혀 구속됨.

1929(25세) 5월에 증거불충분으로 면소되어 풀려남(12월 무혐의로 종결).

1930(26세) 1월 3일, 첫 시詩「말」을 조선일보에 발표(이활). 아들 동윤東胤 태어나다(만2세에 사망). 광주학생항일투쟁이 파급되자 1월 10일 대구청년동맹 간부로서 붙잡히고, 19일 풀려남. 2월 중외일보 대구기자로 임용. 3월 대구경찰서에 붙잡혔다가 풀려남. 8월 조선일보사로 전근, 대구지국 근무. 10월 <별건곤別乾坤>에 이활李活, 대구이육사大邱二六四라는 이름으로 '대구사회단체개관大邱社會團體槪觀' 발표.

1931(27세) 1월에 '대구격문사건'으로 붙잡히다. 3월 석방되다. 잦은 만주 나들이. 8월, 조선일보 대구지국으로 옮기다. 만주에 3개월 머물다 연말에 귀국하다.

1932(28세) 3월, 조선일보사 퇴사. 4월 혹은 5월, 펑티엔으로 감. 7~8월, 베이징과 텐진에 머물다. 9월, 베이징에서 난징으로 이동하고, 10월 20일에 난징 근교 탕산에서 문을 연 조선혁명군사정치간부학교 1기생 학원學員으로 입교하여 군사간부 교육을 받다.

1933(29세) 4월 20일, 1기생으로 졸업(26명), 졸업식에 연극 공연하다. 4월에 국내에서 <대중大衆> 창간임시호에 평문 '자연과학自然科學과 유물변증법唯物辨證法' 게재하다. 같은 책에 「게재되지 못한 글 목록」에 '이육사李戮史' 이름의 <레닌주의 철학의 임무>가 등장하다. 5월에 상하이로 이동. 6월에 상하이에서 루쉰(魯迅) 만남. 7월에 서울로 잠입하다.

1934(30세) 3월 20일, 군사간부학교 출신이 드러나 경기도 경찰부에 구속됨(동기생이자 처남인 안병철이 자수한 후 졸업생 연이어 검거됨). 6월, 기소유예 의견으로 석방(8월, 기소유예 확정). 시사평론 다시 집필 시작.

1935(31세) 정인보 댁에서 신석초 만나 친교, 다산 정약용 서세 99주기 기념 『다산문집茶山文集』 간행에 참여. 신조선사新朝鮮社의 <신조선新朝鮮> 편집에 참여. 본격적으로 시詩 발표.

1936(32세) 7월, 동해송도원(포항 소재)에서 휴양. 8월, 경주 남산 옥룡암에서 휴양.

1937(33세) 서울 명륜동에서 거주. 평문의 성격 바뀜(시사에서 문학으로).

1938(34세) 가을 신석초, 최용, 이명룡 등과 경주 여행. 가을에 신석초와 부여 관광. 12월, 부친 회갑연.

1939(35세) 종암동 이사. 8월, 「청포도靑葡萄」 발표.

1940(36세) 시 「절정」 「광인의 태양」 등 발표.

1941(37세) 2월, 딸 옥비沃非 태어나다. 4월, 부친상(서울 종암동 62번지). 가을에 폐질환으로 성모병원 입원하다.

1942(38세) 2월, 성모병원 퇴원. 경주 기계 이영우 집에 머물다. 7월, 신인사지神印寺址, 옥룡암玉龍庵에서 요양. 서울 수유리 거주.

1943(39세) 1월, 신정에 석초에게 베이징행 밝힘. 한글 사용 규제 받자 한시漢詩만 발표. 4월에 베이징으로 감. 충칭과 옌안행 및 국내 무기 반입 계획 세움. 7월 모친과 맏형 소상에 참여하러 귀국. 늦가을에 붙잡혀 베이징으로 압송됨. 베이징 주재 일본총영사관 경찰에 구금된 것으로 추정됨.

1944(40세) 1월 16일 새벽, 베이징 네이이구(內一區) 동창후뚱(東廠胡同 ; 일제강점기 시기에는 동창호동東昌胡同) 1호에서 순국하다(이곳에는 당시 일제의 문화특무공작기관인 동방문화사업위원회가 있었다. 동지이자 친척인 이병희(여)가 시신 거두어 화장하고, 동생 원창에게 유골 인계하여 미아리 공동묘지에 안장함(1960년에 고향 원촌 뒷산으로 이장).

1945년 동생 원조가 유시遺詩「꽃」「광야曠野」가 소개됨.

1946년 동생 원조가 『육사시집陸史詩集』을 출판함.

1968년 건국훈장 애국장(건국포장에서 1990년을 기준으로 바뀜) 추서.

2004년 탄신 100주년, 순국 60주기 맞추어 이육사문학관 개관, 생가 복원.

〚한국대표명시선100〛을 펴내며

한국 현대시 100년의 금자탑은 장엄하다. 오랜 역사와 더불어 꽃피워온 얼·말·글의 새벽을 열었고 외세의 침략으로 역경과 수난 속에서도 모국어의 활화산은 더욱 불길을 뿜어 세계문학 속에 한국시의 참모습을 드러내게 되었다.

이 나라는 글의 나라였고 이 겨레는 시의 겨레였다. 글로 사직을 지키고 시로 살림하며 노래로 산과 물을 감싸왔다. 오늘 높아져 가는 겨레의 위상과 자존의 바탕에도 모국어의 위대한 용암이 들끓고 있음이다.

이제 우리는 이 땅의 시인들이 척박한 시대를 피땀으로 경작해온 풍성한 시의 수확을 먼 미래의 자손들에게까지 누리고 살 양식으로 공급하는 곳간을 여는 일에 나서야 할 때임을 깨닫고 서두르는 것이다.

일찍이 만해는「님의 침묵」으로 빼앗긴 나라를 되찾고 잃어가는 민족정신을 일으켜 세우는 밑거름으로 삼았으며 그 기름의 뜻은 높은 뫼로 솟아오르고 너른 바다로 뻗어나가고 있다.

만해가 시를 최초로 활자화한 것은 옥중시「무궁화를 심고자」(<개벽> 27호 1922.9)였다. 만해사상실천선양회는 그 아흔 돌을 맞아 만해의 시정신을 기리는 일의 하나로 '한국대표명시선100'을 펴내게 된 것이다.

이로써 시인들은 더욱 붓을 가다듬어 후세에 길이 남을 명편들을 낳는 일에 나서게 될 것이고, 이 겨레는 이 크나큰 모국어의 축복을 길이 가슴에 새겨나갈 것이다.

만해사상실천선양회

한국대표명시선100 | **이 육 사**

내 여기 가난한 노래의 씨를 뿌려라

1판1쇄 발행 2012년 12월 21일
1판3쇄 발행 2017년 12월 21일

지 은 이 이 육 사
뽑 은 이 만해사상실천선양회
펴 낸 이 이 창 섭
펴 낸 곳 시인생각
등 록 번 호 제2012-000007호(2012.7.6)
주   소 경기도 고양시 일산동구 호수로 688. A-419호
　　　　　㈜10364
전   화 050-5552-2222
팩   스 (031)812-5121
이 메 일 lkb4000@hanmail.net

값 6,000원

ISBN 978-89-98047-15-3 03810

* 잘못된 책은 책을 구입하신 서점에서 교환하여 드립니다.

※ 이 책은 만해사상실천선양회의 지원으로 간행되었습니다.